Rechtliche Rahmenbedingungen Probleme und Grenzen der Mediation

HAUSARBEIT
FAKULTÄT FÜR WIRTSCHAFTS-, VERHALTENS-
UND RECHTSWISSENSCHAFTEN

VON WERNER HADLAUB

LEUPHANA UNIVERSITÄT LÜNEBURG

Inhalt

1.   Einleitung

In den meisten zwischenmenschlichen Beziehungen kommt es früher oder später zu Auseinandersetzungen. Diese können entweder dafür sorgen, dass sich die Beziehung zwischen den Konfliktparteien nach überstandener Krise festigt oder aber gänzlich auseinander bricht. Grundsätzlich existieren drei unterschiedliche Lösungsansätze für die Konfliktbeilegung. Ein solcher Ansatz ist zum einen in dem Machtgebrauch der stärkeren Partei, zum anderen in autoritären Drittentscheidung z.B. im Rahmen einer Gerichtsentscheidung oder aber in dem Erringen eines Konsens zu sehen.

Mit Hilfe von alternativen Konfliktbeilegungsmöglichkeiten versucht man, eine Einigung der streitenden Parteien herbeizuführen. Das Spektrum der ADR -Alternative Dispute Resolution- umfasst grundsätzlich Verhandlung, Mediation, Schlichtung, Schiedsgerichtsbarkeit.[1] Unter den Juristen jedoch geht die Meinung über den Einsatz dieser weit auseinander. Skeptiker unter ihnen behaupten, dass die Mediation nur einer Modeerscheinung unterliegt. „Für die alten Haudegen unter ihnen ist es unbegreiflich, wie man nur die gute alte Zivilprozessordnung zu Gunsten des Mediations-Krimskrams aus den Angeln heben kann."[2]

---

[1] Vgl. Ade/Alexander/Olbrisch, Verhandlungsmanagement, S. 8.
[2] http://bmwa.de/downloads(0mediations-krimskram_hb120406.pdf

Im Rahmen der Ausarbeitung wurde der kritischen Aussage des Handelsblattartikels nachgegangen. Somit soll geklärt werden, ob tatsächlich die gute alte ZPO zu Gunsten des Mediationskrams geändert wurde und es sich nur um eine Modeerscheinung handelt.

Ziel der nachstehenden Ausarbeitung ist es nach einen kurzen historischen Blick die derzeitigen rechtlichen Rahmenbedingungen für die Mediation in Deutschland darzustellen und zu klären, ob diese eine lohnenswerte Alternative zu einem Gerichtsverfahren ist. Nach einer ausführlichen Vorstellung der rechtlichen Gegebenheiten der gerichtsnahe Mediation soll anschließend genauer auf die sich daraus ergebenden Problematiken eingegangen werden. Im Anschluss daran werden die gesetzlichen Regelungen für die außergerichtliche Mediation in Deutschland aufgezeigt und des weiteren ein Einblick die europäischen Rahmenbedingungen, insbesondere die Österreichs gewährt. Abschließend sollen die Grenzen der Mediation erläutert werden.

2. Historischer Überblick

Der Einsatz von alternativen Streitbeilegungsverfahren hat seinen einen weit zurück reichenden Ursprung. Seine Wurzeln lassen sich rund 2500 Jahre bis zu den Stammesgesellschaften in Amerika, Asien, Afrika und auch in Europa nachweisen. Selbst in der Antike, den alten Kulturen des Ostens sowie in Ägypten und Griechenland existierten zahlreiche Formen von Konfliktbeilegungen. Schon vor langer Zeit tauchte in diesem Zusammenhang der Begriff des neutralen Vermittlers auf. Schon zur Beendigung des Dreißigjährigen Krieges kommandierte Papst Urban VIII. (1643-1644) ein Mediatores pacis ab, um zwischen den katholischen Mächten zu vermitteln.[3] Auch im germanischen Recht ist der Gedanke zur friedlichen Konfliktbeilegung tief verankert. Bereits im 14. und 15. Jahrhundert existierte ein Sühne- und Vergleichsverfahren. Ab 1877 wurde der gütliche Konfliktbeilegungsgedanke sogar an mehreren Stellen in der Zivilprozessordnung verankert.[4] Zwar sind alternative Streitbeilegungsverfahren in die Jahre gekommen, aber dennoch erleben sie derzeit ein come back.

---

[3] Vgl. Haft/ Schlieffen, Handbuch Mediation, § 6, Rn. 13.
[4] Vgl. Ade/Alexander/Olbrisch, Mediation, S. 5.

3. Rechtliche Rahmenbedingungen gerichtsnaher Mediation

Schon immer war es die Aufgabe von Richtern, in jeder Lage des Verfahrens auf eine gütliche Beilegung des Rechtsstreits bedacht zu sein (vgl. § 278 I ZPO). Seit der ZPO-Reform von 2002 ist dieses durch die Neugestaltung des § 278 ZPO noch deutlicher hervorgehoben wurden.[5]

Zunächst sind alle anhängigen Verfahren vor einer strittigen Entscheidung daraufhin zu überprüfen, ob sie einvernehmlich beendet werden können (§ 278 I und II ZPO). Zu diesem Zweck können verschiedene Mittel zur gütlichen Beilegung eingesetzt werden, die in dem § 278 V und VI ZPO nicht abschließen aufgelistet sind.[6]

Der Reformgeber hat offen gelassen, ob eine Verständigung innerhalb des Verfahrens, gerichtsnah oder gänzlich außerhalb des anhängigen Verfahrens zu suchen ist.

§ 278 V 2 ZPO eröffnet dem Prozessgericht die Möglichkeit, bei geeigneten Fällen den Parteien nahe zu legen, das Verfahren ruhen zu lassen und eine außergerichtliche Streitschlichtung vorzuschlagen. Wenn § 278 V ZPO von einer außergerichtlichen Streitschlichtung spricht, so deutet dies zunächst auf Schlichtungsstellen hin, die außerhalb der staatlichen Justiz bereitstehen. Ob die bisher gesetzlich

---

[5] Vgl. Koch, Mediation Rahmenbedingungen, Neue Justiz 2005, S. 97 (S. 98).
[6] Vgl. Löer, Einbindung Mediation Zivilprozess, ZKM 2005, S. 182 (S. 183).

nicht vorhergesehne gerichtliche Mediation vom Geltungsbereich der Vorschrift ausgeschlossen sein soll, erscheint zweifelhaft.

Wenn das Ziel der Novellierung des § 278 ZPO war, die Verständigungsmöglichkeiten zu erweitern, dann ist der Begriff „außergerichtlich" wie „außerprozessual" zu verstehen. Die Regelung ist im Hinblick auf den Normzweck, also teleologisch, auszulegen. Somit sind mit ihr generell Verständigungsmöglichkeiten gemeint, die gerichtliche Entscheidung des Rechtsstreits vermeiden.[7]

Zu klären ist noch, was § 278 V ZPO meint, wenn von „geeigneten Fällen" gesprochen wird, in denen das Gericht den Parteien eine Schlichtung oder Mediation vorschlagen kann.

Für die Überprüfung der Mediationseignung gibt es zwei Möglichkeiten: entweder geht der Streitrichter von der grundsätzlichen Eignung aller Fälle aus und prüft sie nur noch anhand Nichteignungskriterien, wie etwa Grundsatzprozesse oder aber, die Anwendungsmöglichkeit muss anhand positiver Kriterien ermittelt werden. Im Unterschied zu dem gerichtlichen Güteversuch, der nur bei offensichtlicher Aussichtslosigkeit unterbleiben kann (§ 278 II ZPO), kann ein Mediationsversuch nur bei hinreichenden Erfolgsaussichten eingeleitet und der Prozess ausge-

---

[7] Vgl. Koch, Mediation Rahmenbedingungen, Neue Justiz 2005, S. 97 (S. 99).

setzt werden. Das bedeutet, dass die gesetzliche Regelung die sog. positive Eignungsprüfung vorsieht.[8]

4.   Rechtliche Probleme gerichtsnaher Mediation

Prof. Pfeiffer, der frühere niedersächsische Justizminister, setzte den Gedanken um, die Mediation durch eigens hierfür ausgebildete Richter einzuführen.[9] So startete das Modellprojekt „Gerichtsnahe Mediation" im September 2002 in Niedersachsen.[10] Dessen Besonderheit war es, dass trotz eines rechtsanhängigen Rechtsstreites eine Mediation durchgeführt wurde. Somit praktizierten grundsätzlich die Richter innerhalb des Gerichts außergerichtliche Konfliktbearbeitungsverfahren. Mittlerweile wird die gerichtsnahe Mediation in vielen Bundesländern angeboten.

Jedoch wirft die gerichtsnahe Mediation einige Fragen auf. Diese reichen von prozessualen Problematiken über Ausgestaltungen bezüglich den richterlichen Dienstrecht bis hin zu Verfassungs- und wettbewerbsrechtlichen Schwierigkeiten.

4.1.   Prozessuale Fragen

---

[8] Ebenda, S. 102.
[9] Vgl. http://cdl.niedersachsen.de/blob/images/C34883173_L20.pdf
[10] Vgl. http://www.mediation-in-niedersachsen.com

Aufgrund des § 278 V 2 und 3 ZPO und des § 251 ZPO ergeben sich in prozessrechtlicher Hinsicht keine rechtlichen Bedenken bezüglich der Durchführung der gerichtlichen Mediation, da sowohl der Ablauf als auch die Möglichkeit einer Aussetzung ausdrücklich vorgesehen sind. Durch die Tatsache, dass zusätzliche Termine für die Protokollierung der ausgehandelten Mediationsvereinbarungen einen größeren Zeit- und Kostenaufwand verursachen, ist es heutzutage möglich, das Ergebnis durch den Richtermediator direkt im Anschluss an das Mediationsverfahren protokollieren zu lassen.

Verfahrensrechtlich erlässt der Prozessrichter vor Beginn der Mediation einen Beschluss, in dem er den Mediationsrichter mit dieser Aufgabe betraut. Dadurch wird der Richtermediator wieder als Richter des Gerichts tätig und nimmt im Anschluss an die Mediation das Verfahren wieder auf, um eine Güteverhandlung durchzuführen.[11]

Jedoch wirft die gerichtsnahe Mediation bei Streitigkeiten vor dem Verwaltungs- und Sozialgerichten Schwierigkeiten bezüglich prozessualer Fragen auf. Die jeweils dort existierenden Prozessordnungen kennen keine den § 278 V ZPO entsprechenden Vorschriften. Zwar können die Verweise in dem § 173 VwGO und § 202 SGB gerichtsnahe Mediation zulassen, aber dennoch wird die Anwendung der §§ 271, 272 ff. ZPO und somit auch die des § 278 ZPO überwiegend abgelehnt. Dieses wird mit den grundsätzli-

---

[11] Vgl. Spindler, Gerichtsnahe Mediation in Niedersachsen, ZKM 2007, S. 79 (S. 81).

chen Unterschieden zw. dem Zivilprozess und dem Ver-
waltungs- bzw. den Sozialprozess begründet. Durch einen
richterlichen Hinweis auf ein eventuell besseres Konfliktlösungsverfahren könnte diese Hürde genommen werden.
Um die Anwendung gerichtsnaher Mediation auch den in
Bereichen von Verwaltungs- und Sozialstreitigkeiten zu
fördern und zu etablieren, wäre es sinnvoll, eine entspre-
chende Regelung in den genannten Gesetzen - VwGO und
SGB – aufzunehmen.[12]

4.2. Richterliches Dienstrecht

Bei der Richtermediation ist zu unterscheiden, ob der Richter in der Rolle des Mediators rechtsprechend tätig ist
oder lediglich nur rechtsprechungsnahe Gerichtsverwaltung ausübt. Die Unterscheidung kann im Hinblick auf
mehrere Fragen, wie z.B. Haftung, Unvereinbarkeit mit
anderen Aufgaben oder Geschäftsverteilung, Bedeutung
erlangen.

Ein Teil der Projektgerichten stufte die gerichtsnahe Mediation als Gerichtsverwaltungsaufgaben ein - wie z.B. Ber-
lin, Niedersachsen und Hessen – während der andere Teil
diese als Rechtsprechungsaufgabe einordnete. Zu nennen

---

[12] Ebenda, S. 81.

sind hier Baden-Württemberg und Mecklenburg-Vorpommern.[13]

Für die Einordnung der Richtermediation als Rechtssprechungsaufgabe spricht, dass die Güteverhandlung gem. § 278 II ZPO als eine originäre Richteraufgabe verstanden wird.[14] Somit stellt die Mediation nur eine besondere Methode der gütlichen Streitbeilegung dar und kann gem. § 278 V ZPO auch einem beauftragten oder ersuchten Richter übertragen werden.

Andererseits wird auch die Auffassung vertreten, dass die Güteverhandlung hingegen nicht im übertragbaren Sinne auf die Mediation anwendbar ist. Dies wird damit begründet, dass die Richtermediation nicht auf ein verbindliches, allein am Maßstab des Rechts getroffenen Ergebnisses, beruht.[15] Gestützt wird diese Aussage mit einem Blick auf die gesetzliche Definition des Begriffes der Rechtsprechung gem. Art. 92 GG i.V.m. § 4 DRiG. Laut dieser Begriffsbestimmung ist die Rechtsprechung dadurch gekennzeichnet, dass ein unbeteiligter Dritter die alleinige Befugnis hat zu entscheiden, was rechtens ist. Sowohl die fehlende Streitentscheidungsbefugnis als auch die durch eine Güteverhandlung entstehende Vorstufe zur einer

---

[13] Vgl. Klose, Hürden gerichtsinterne Mediation, ZKM 2005, S. 146 (S. 147).

[14] Ebenda, S. 147.

[15] Vgl. Spindler, Gerichtsnahe Mediation in Niedersachsen, ZKM 2007, S. 79 (S. 79).

Streitentscheidung sprechen gegen die Einordnung als Rechtssprechung.

Durch die Einordnung der Mediation als Gerichtsverwaltungsaufgaben fällt diese in den Anwendungsbereich gem. § 4 II DriG. Hiernach darf ein Richter bestimme Aufgaben außerhalb der eigentlichen Rechtssprechung wahrnehmen, um z.B. die Justiz zu entlassen.

Da richterliche Mediation sich entweder als Rechtssprechung i.S.v. § 4 I DRiG aufgrund der sachlichen Nähe des Aufgabenbereiches der Güteverhandlung oder als Gerichtsverwaltung gem. § 4 II Nr. 1 DRiG einordnen lässt, ist hier ein abschließendes Ergebnis nicht möglich. Fest steht nur, dass es sich bei der Richtermediation um eine vereinbare Tätigkeit i.S.v. § 4 DriG handelt.[16]

5.   Richterliche Rechtsberatung

Durch die staatliche Konkurrenz gerichtsnaher Mediation mit den von Anwälten ausgeübten Mediationstätigkeiten stellt sich die Frage der Rechtmäßigkeit im Hinblick auf das Rechtsberatungsgesetz.

Gem. Art. 1 § 3 Nr.1 des derzeitigen RBerG sind Beratungen nicht erfasst, die von Behörden im Rahmen ihrer Zuständigkeit vorgenommen werden. Diese Zuständigkeit

---

[16] Vgl. Koch, Mediation Rahmenbedingungen, Neue Justiz 2005, S. 97 (S. 101).

wird durch den neugestalteten § 278 ZPO sowie der Öffnungsklausel des § 15a EGZPO bestätigt.[17] Des Weiteren wird diese Aussage auch durch die amtliche Begründung zur ZPO-Reform untermauert welche aussagt, dass auch die Mediation zum Erreichen des Ziels der ZPO-Reformen, eine einvernehmliche Streitbeilegung zu fördern, herangezogen werden kann.[18]

5.1.   Verfassungsrechtliche Fragen

Aus verfassungsrechtlicher Sicht könnte durch das Angebot gerichtsnaher Mediation eine Verletzung des Gleichheitsgrundsatzes gem. Art. 3 I GG vorliegen.

Zwar hat der Staat das Recht, sich wirtschaftlich zu betätigen, aber dennoch muss auch dieser die von dem Grundgesetz gezogenen Grenzen beachten. Dies bedeutet, dass die derzeit kostenlos durchgeführte Mediation keinen Verstoß darstellt, wenn sie durch einen öffentlichen Zweck sachlich gerechtfertigt ist. Da durch das Angebot gerichtnaher Mediation die Justiz entlastet und die Qualität gerichtlicher Streitbeilegung im Sinne der ZPO-Reformen verbessert werden kann, ist hier eine Rechtfertigung zu

---

[17] Vgl. Spindler, Gerichtsnahe Mediation in Niedersachsen, ZKM 2007, S. 79 (S. 80).
[18] BT-Druck 14/4722, S. 83 ff.

bejahen. Hieraus ergibt sich das keine Verfassungsrechtli-
chen Bedenken bestehen.[19]

5.2. Wettbewerbsvorteile und -widrigkeiten

Mit dem Beginn des Angebotes der gerichtsnaher Mediati-
on tritt die Justiz in wettbewerb zu den freien Mediatoren.
Je nach Ausgestaltung und Betrachtung der Wünsche der
Konfliktparteien weist die Mediation durch einen Richter
Wettbewerbsvorteile und ggf. Wettbewerbswidrigkeiten
auf.

5.2.1. Mediationsanbahnung

Bei der Anbahnung einer Mediation hat die Richtermediation den gravierenden Vorteil, dass das Gericht nicht um
ihre Kunden werben muss. Durch die stetig steigende An-
zahl von Streitigkeiten, die vor Gericht ausgetragen werden sollen, ist es der potentielle Kundenkreis für das Verfahren einer Mediation beachtlich.[20] Durch die Informatio-
nen vor Ort kann vielen Konfliktparteien die Mediation
nahe gebracht werden, die eigenständig nie eine solche Art
der Streitbeilegung in Betracht gezogen hätten. Darüber

---

[19] Vgl. Spindler, Gerichtsnahe Mediation in Niedersachsen, ZKM
2007, S. 79 (S. 80).
[20] Vgl. Monßen, Anwaltlichmediation und Richtermediation,
ZKM 2006, S. 83 (S. 84).

hinaus fällt bei einer gerichtsnahen Mediation die oftmals lange Suche nach einem für beide Parteien akzeptablem Mediator weg, da das Gericht einen Richtermediator vorschlägt. Durch das in der Öffentlichkeit vorhandene Bild eines unabhängigen, neutralen Richters fällt es den Parteien schwerer diesen Vorschlag abzulehnen.[21]

5.2.2. Zeitfaktor

Nachteilig für die am Gericht angebotene Mediation ist der damit im Zusammenhang stehende Zeitaufwand. Der zeitliche Vorlauf, bis der Richter den Vorschlag der Mediation unterbreitet, beträgt zwei Monate. Für die außergerichtliche Mediation lässt sich hingegen erwiesenermaßen ein Zeitaufwand von ca. bis zu zehn Stunden veranschlagen, wofür es keine zwei Monate bedarf.[22]

5.2.3. Kostenfaktor

Da die Richtermediation zur Zeit kostenlos durchgeführt wird, bietet sie einen klaren Vorteil gegenüber der außergerichtlichen Mediation. Solange im Gerichtskostengesetz keine gesetzliche Grundlage für die Erhebung von Gerichtskosten für die Zusatzleistung einer Mediation exis-

---

[21] Ebenda, S. 85.
[22] Vgl. Monßen, Anwaltmediation und Richtermediation, ZKM 2006, S. 83 (S. 85).

tiert, besteht zugunsten der Richtermediation ein erheblicher Kostenvorteil. Infolgedessen könnte eine Wettbewerbsverletzung in Form einer unlauteren Preisunterbietung vorliegen. Eine Preisunterbietung der öffentlichen Hand ist unter Berücksichtigung mehrerer Gesichtspunkte möglich. Hierfür müsste es sich um eine Ausübung gesetzlich obliegender Aufgaben handeln unter gleichzeitiger Berücksichtigung verfassungsrechtlicher Grenzen und Interessen privater Wettbewerber. Fraglich ist hier allein die Berücksichtigung der privaten Wettbewerber. Da diese nicht die Möglichkeit besitzen ihre Dienstleistung kostenlos anzubieten, stellen sie niemals eine Alternative zu einer kostenlosen gerichtsnahen Mediation dar. Auf Grund der fehlenden gesetzlichen Verankerung könnte eine fehlende Kostenordung eine Wettbewerbswidrigkeit darstellen.

5.2.4.   Vollstreckbarkeit

Gegenüber anderen Formen der Mediation liegt der Vorteil der gerichtsnahen Mediation eindeutig in der Vollstreckbarkeit der Abschlussvereinbarung. Die Modellgerichte bieten den Konfliktparteien die Möglichkeit, die gefundenen Lösungen für vollstreckbar erklären zu lassen. Diese Leistung der Gerichte bedeutet keinerlei zusätzlichen Zeit- und Kostenaufwand für die Partein.

Jedoch ist auch zu beachten, dass Parteien, die sich im Wege einer Mediation freiwillig einigen wollen, auch grundsätzlich verhandlungsbereit sind und sich kooperativ verhalten. Somit ist davon auszugehen, dass die beteiligten Parteien die hervorgegangenen Verpflichtungen auch ohne vollstreckbaren Titel erfüllen werden. Bei einer außergerichtlicher Mediation muss die Streitentscheidung in einem gesonderten Vorgang für vollstreckbar erklärt werden. Dies kann entweder durch eine Abschlussvereinbarung bei einer anerkannten Gütestelle vgl. § 794 I Nr. 1 ZPO oder aber im Wege eines Anwaltsvergleichs gem. § 796a ZPO geschehen. Für den Anwaltsvergleich ist die Teilnahme der Anwälte der Konfliktparteien an der Mediationsverfahren und eine Niederlegung der Abschlusserklärung beim dem Amtsgericht bei dem eine Partein ihren Gerichtsstand hat, erforderlich.[23]

Durch das Angebot der gerichtsnaher Mediation tritt die Justiz in Konkurrenz zu privat Mediatoren, auch wenn der Staat sich derzeit nur bei rechtsanhängigen Verfahren um eine Mediation bemüht. Zwar ist es die Aufgabe der Gerichte eine bestmögliche Konfliktbeilegung im Sinne der Parteien zu erreichen, dennoch bedarf es für die Anwendung besonderer Methoden der Streitbeilegung eines gesetzlichen Rahmens, der zur Zeit noch nicht existiert.[24] Auf Grund des Wettbewerbeingriffs ist die gerichtsnahe Mediation wie sie an den Modell-Gerichten praktiziert wird, ein rechtlicher Graubereich. Obwohl die gerichtsnahe Media-

---

[23] Vgl. Monßen, Anwaltmediation und Richtermediation, ZKM 2006, S. 83 (S. 85).
[24] Ebenda, S. 85.

tion nur als Übergangsregel gedacht war,[25] wird sie angesichts der positiven Erfahrungen der Modellprojekte[26] Einzug finden.

6. Rahmenbedingungen außergerichtlicher Mediation

Trotz der Vielzahl von Veröffentlichungen zum Thema Mediation in den letzten Jahren besteht in Deutschland derzeit noch eine geringer Zulauf. Nur 54 % der deutschen Bevölkerung wissen, was mit dem Begriff „außergerichtliche Schlichtungs- und Vermittlungsstellen" gemeint ist.[27]

Gewichtige Gründe für die geringen Inanspruchnahme ist einerseits die Untransparenz des außergerichtlichen Mediationsmarktes, da keine einheitlichen Ausbildungsstandards festgelegt sind, und andererseits das fehlende Wissen über die Thematik der außergerichtlichen Mediation an sich. In den Köpfen vieler Leute existiert häufig die Vorstellung, dass es sich hierbei um ein unseriöses Angebot in Form minderer Billigjustiz handelt. Noch unterstützt wird diese Ansicht mit dem Erfolg der Pilotprojekte der

---

[25] Vgl. http://www.justi,nrw.de/JM/justizpolitik/jumiko/beschluesse/2005/fruehjarskonferenz05/idex.php
[26] Vgl. http://www.mediation-in-niedersachsen.de/Abschlussbericht.pdf
[27] Vgl. Susanne Kirchhoff, Hintergründe Nds. Mediationsgesetzes, ZKM 2007, S. 138 (S. 138).

gerichtsnahen Mediation. Durch die dort geschaffenen Rahmenbedingungen, in dem ein Richter den Parteien die Mediation unterbreitet, ist der berufliche Hintergrund sowie die Qualifikation des Mediators erkennbar. Dieses schafft mehr Vertrauen und Transparenz als eine außergerichtliche Mediation.

Ein wichtiger Schritt, außergerichtliche Mediation als ein seriöses Angebot zu präsentieren, ist der im April letzten Jahres von der CDU/FDP Fraktion eingebrachter Entwurf eines Mediatons- und Gütestellengesetzes in den Niedersächsischen Landtag.

Da auf Grund anderer Gesetzesvorhaben und der niedersächsischen Neuwahlen im Januar 2008 das Mediationsgesetz aus zeitlichen Gründen nicht verabschiedet wurde, existiert bislang nur ein Gesetzesentwurf. Seinerzeit wurde das Mediationsgesetz so weit überarbeitet, dass es bei entsprechender Mehrheit gleich Gesetzeskraft entwickelt. Somit wäre Niedersachsen dann das erste Bundesland mit einer gesetzlichen Regelung bezüglich Mediation. Somit wird im Folgenden näher auf den Gesetzesentwurf eingegangen werden.

6.1. Niedersächsisches Mediations- und Gütestellengesetz

Der Entwurf des Mediationsgesetzes unterteilt sich in vier Abschnitte. Der erste Abschnitt befasst sich mit der

Annerkennung von Mediatoren. Darunter fällt die Gliederung der Ausbildung, insbesondere die Ausbildungsinhalte und deren Dauer, vgl. § 5 des Niedersächsischen Mediations- und Gütegesetzes. Des Weiteren werden auf der Grundlage des European Code of Conduct for Mediators die Pflichten der Mediatoren gegenüber den Parteien festgelegt.[28] Hierunter fällt z.B. gem. § 6 des Mediationsgesetzes, dass der Mediator die beteiligten Parteien vor Beginn der Mediation über bestimmte Inhalte, wie etwa seine Unabhängigkeit und seine Kompetenz, aufzuklären hat. Darüber hinaus muss gem. § 7 des Entwurfes der Beginn und das Ende der Mediation zu Beweiszwecken dokumentiert werden. Erwähnenswert ist noch die in § 8 des Mediations- und Gütestellengesetzes gesetzlich verankerte Verschwiegenheitspflicht des Mediators. Hieraus resultiert das Zeugnisverweigerungsrecht nach § 383 I Nr. 6 ZPO des Mediators.[29] Mit Bestehen der Ausbildung zum Mediator und der Erfüllung der persönlichen und fachlichen Voraussetzungen, vgl. §§ 3 und 4 des Entwurfes des Niedersächsischen Mediations- und Gütegesetzes, darf sich der Absolvent gem. § 2 des Entwurfes „staatlich anerkannter Mediator" nennen. Um sicherzustellen, dass die durch die Ausbildung erlangten Qualifikationen beibehalten werden, sieht das Gesetz nach Abschluss in § 10 des Mediationsgesetzes eine Fortbildung von 50 Stunden innerhalb von fünf Jahren vor.

---

[28] Vgl. Susanne Kirchhoff, Hintergründe Nds. Mediationsgesetz, ZKM 2007, S. 138 (S. 141).
[29] Ebenda, S. 141.

Da der Entwurf des Mediations- und Gütestellengesetzes nicht nur die Mediation als solche fördern soll, sondern alle außergerichtlichen Streitbeilegungsmöglichkeiten, befasst sich der zweite Abschnitt mit der Anerkennung von Gütestellten i.S.v. § 794 I Nr. 1 ZPO.[30]

Die Besonderheit der staatlich anerkannten Gütestellen ist, dass bereits bei der Einreichung des Güteantrages gem. § 204 I Nr. 4 BGB die Verjährung gehemmt wird und unmittelbar vollstreckt werden kann. Da bereits in mehreren Bundesländer hierzu gesetzliche Regelungen existieren, wird an dieser Stelle nur auf die Besonderheit des niedersächsischen Gesetzesentwurfes eingegangen. Nach der in § 12 II des Mediations- und Gütestellengesetzes festgelegten Bestimmung kann jeder staatlich anerkannte Mediator ohne weitere Prüfung als Gütestelle i.S.v. § 794 I ZPO anerkannt werden.[31]

Das Anerkennungsverfahren für Mediatoren und Gütestellen wird im dritten Abschnitt des Gesetzesentwurfs geregelt. Hier wird festgehalten, unter welchen Voraussetzungen das Erlöschen, die Rücknahme oder der Widerruf der Anerkennung möglich ist. Die zuständige Behörde für alles, was im Zusammenhang mit der Anerkennung steht,

---

[30] Vgl. Susanne Kirchhoff, Hintergründe Nds. Mediationsgesetz, ZKM 2007, S. 138 (S. 141).
[31] Ebenda, S. 141.

ist vom Justizministerium auf das Oberlandesgericht Braunschweig übertragen worden.[32]

Der letzte Abschnitt des niedersächsischen Mediations- und Gütestellengesetzes befasst sich mit den Übergangsregelungen von z.B. bereits existierenden Gütestellen.[33]

6.2. Das Österreichische Mediationgesetz

Österreich ist Deutschland schon einen Schritt voraus in Sachen Mediationsgesetz. Durch das vom 6. Juni 2003 verabschiedete Zivilrechts-Mediations-Gesetz (ZivMediatG) wurde eine umfassende Regelung für Mediation ausschließlich im zivilrechtlichen Bereich geschaffen. Auf anderen Gebieten, wie z.B. in Strafsachen oder aber bei verwaltungsrechtlichen Angelegenheiten, ist diese Konfliktlösungsmöglichkeit nicht aufgenommen worden, was mit kompetenzrechtlichen Überlegungen begründet wurde.[34] Unter die zivilrechtlichen Angelegenheiten fallen Streitigkeiten, für die ordentliche Gerichten zuständig sind. Ziel des ZivMediatG ist die Qualitätssicherung des Mediationsverfahrens durch rechtlich festgelegte Ausbildungsstandards. Dieses sei laut Gesetzgeber notwendig, um eine sichere Grundlage für die professionelle und

---

[32] Ebenda, S. 141.
[33] Vgl. http://www.mediation-in-niedersachsen.de/Entwurf-NdsMediationsgesetz_LT-Drs_15-3708_v_07-04-17.pdf
[34] Vgl. Oberhammer/Domej, Mediation in Österreich, ZKM 2003, S.144 (S. 145).

sachgemäße Anwendung von Mediation zu gewährleisten.[35] Kern des Gesetzes ist die elektronisch verfügbare Mediatorenliste. In diese sind Mediatioren einzutragen, die das 28. Lebensjahr vollendet haben, fachlich qualifiziert und vertrauenswürdig sind. Darüber hinaus müssen die Mediatoren gem. § 19 des ZivMediatG eine Haftpflichtversicherung mit einer Mindestsumme von 400.000 € pro Schadensfall abgeschlossen haben. Die fachliche Qualifikation knüpft nicht an die Ausübung bestimmter Quellenberufe, wie z.B. an die eines Rechtsanwaltes, an. Vielmehr verlangt diese gem. § 9 I Ziff. 2 i.V.m. § 10 ZivMediatG eine spezielle Mediationsausbildung. Zur Erreichung der Eignung sollen laut Gesetz die erlangten Berufserfahrungen aus bestimmten Berufsbranchen angerechnet werden. Im Rahmen der Ausbildung sollen den Mediatoren Kenntnisse und Grundlagen in den Bereichen Recht und Psychologie nähergebracht werden. Gem. § 29 I ZivMediatG soll die Ausbildung einen theoretischen Teil von 200-300 Stunden und einen anwendungsorientierten Teil von 100-200 Stunden umfassen.[36] Die Eintragung erfolgt zunächst für fünf Jahre, eine Verlängerung für jeweils zehn Jahre ist lt. § 13 I und II ZivMediatG möglich.

Nach Eintragung in die Mediatiorenliste darf der Mediator sich eingetragener Mediator nennen. Die Eintragung ist nur für natürliche Personen vorgesehen. Durch die Eintra-

---

[35] Vgl. Köper, Österreichisches Zivilrechts-Meditions-Gesetz, ZKM 2004, S. 161 (S. 161).
[36] Vgl. Oberhammer/Domej, Mediation in Österreich, ZKM 2003, S. 144 (S.146).

gung kann der Mediator sich auf dieses Gesetz berufen, was ein nicht eingetragenen, aber dennoch praktizierenden Mediator untersagt bleibt.[37]

Problematisch beim österreichischen ZivMediatG scheint die Vereinbarkeit mit der europäischen Dienstleistungsfreiheit gem. Art. 49 EGV, da nicht eingetragene Mediatoren einen Wettbewerbsnachteil erleiden. Zwar handelt es sich hier nicht um eine diskriminierende Maßnahme, aber dennoch hat der EuGH bereits entschieden, dass auch solche Maßnahmen einen Verstoß gegen Art. 49 EGV darstellen, die die Dienstleistungsfreiheit insgesamt beschränken und nicht durch Gründe des Allgemeininteresses gerechtfertigt sind. Fraglich ist, ob die Einführung einer solchen Liste einen Verstoß in diesem Sinne darstellt. Wäre das Gesetz wie vorher geplant verabschiedet worden, wonach eine Eintragung eine Grundvoraussetzung für die Ausübung einer Mediatorentätigkeit war, wäre es sicher zu bejahen gewesen. So bleibt dieses zu diskutieren, da ein zwingender Grund des Allgemeininteresse nicht ersichtlich ist.[38]

7. Anwaltliche und nichtanwaltliche Mediation

---

[37] Vgl. Oberhammer/Domej, Mediation in Österreich, ZKM 2003, S. 144 (S. 145).
[38] Vgl. Köper, Österreichisches Zivilrechts-Meditions-Gesetz, ZKM 2004, S. 161 (S. 163).

Das Rechtsdienstleistungsgesetz (RDG) soll mit Inkrafttreten am 1.Juli 2008, das Rechtsberatungsgesetz (RberG) in Bezug auf das

Verhältnis der Mediation zum Rechtdienstleistungsrecht ablösen.[39] Die schwierige Abgrenzung, ab welchen Zeitpunkt eine Mediation eine Rechtsdienstleistung bzw. eine Rechtsberatung darstellt, wird in dem neuen Rechtsdienstleistungsgesetz versucht zu bewerkstelligen.

Trotz der in § 2 III Nr. 4 DRiG gemachten Aussage, dass „Mediation und jede vergleichbare Form der gesprächsleitenden Streitbeilegung einschließlich der Protokollierung einer Abschlussvereinbarung nicht Rechtsdienstleistungen im Sinne des eben genannten Gesetzes sind bleibt die Frage, was genau mit „gesprächsleitender Streitbeilegung" gemeint ist.[40] Die Grenzen von einer reinen gesprächsleitender Streitbeilegung hin zu einer Rechtsberatung sind fließend. Allein rechtliche Regelungsvorschläge reichen aus, um keine reine Mediation mehr zu führen. Vielmehr liegt dann eine Streitlösung mit rechtlichen Mitteln vor.[41] Problematisch ist auch eine Abschlussvereinbarung eines nicht-anwaltlichen Mediators in Form eines zivilrechtli-

---

[39] Vgl.
http://www.bmj.bund.de/enid/24cd03cda0e552e933fa9bde04f4e
126,8a995c706d635f6964092d0934373539093a095f747263696
4092d0933303334/Pressestelle/Pressemitteilungen_58.html
[40] Vgl. Tochtermann, nicht-anwaltliche Mediation, ZKM, 2007, S. 4 (S. 4).
[41] Vgl. Henssler, Rechtsdienstleistungsrecht, ZKM 2006, S. 132 (S. 134).

chen Vergleiches, wenn dieser über die bloße Protokollierung der Äußerungen der Konfliktparteien hinaus tätig
wird oder wenn z.B. rechtliche Inhalte betroffen sind.[42]

Ein Blick in das Ausland zeigt, dass in den USA ähnliche
Problematiken vorhanden sind. Um diesen Problemen zu
begegnen, führte man dort eine Studie durch, aus deren
die Virginia Guidelines on Mediation and Unauthorized
Practice of Law entstanden. Diese weisen viele Parallelen
zu dem in Deutschland geplanten Rechtsdienstleistungsgesetz auf.[43] In dem ersten Abschnitt der Guidelines wird
die Abgrenzung vorgenommen, ab welchen Stadium der
Mediator eine Rechtsdienstleistung erbringt. Im folgenden
zweiten Teil wird festgesetzt wie vermieden werden kann,
dass beim Protokollieren des Mediationsergebnisses eine
Rechtsdienstleistung entsteht.

Anhand der Erfahrungen die mit den Guidelines in den
USA gemacht wurden, kann man heute schon festgestell-
ten, dass die Neuregelung des § 2 III Nr. 4 RDG mit sich
bringen wird. auf der einen Seite erhebliche Abgrenzungs-
probleme mit sich bringen.[44] Andererseits kommt diese
Problematik nicht-anwaltlichen Mediatioren zugute. Jedoch bedarf es noch mehr umfassendere, einheitlichere

---

[42] Vgl. Tochtermann, nicht-anwaltliche Mediation, ZKM, 2007,
S. 4 (S. 5).
[43] Ebenda, S. 5.
[44] Vgl. Tochtermann, nicht-anwaltliche Mediation, ZKM, 2007,
S. 4 (S. 5).

Regelungen der Mediation unter Berücksichtigung der Wettbewerbsmöglichkeiten und der Chancengleichheit.[45]

8. Rechtliche Rahmenbedingungen auf EU-Ebene

Nicht nur in Deutschland, sonder auch in anderen europäischen Ländern finden alternative Konfliktlösungsverfahren vermehrt Nachfrage. Bereits 1999 hat die steigende praktische Bedeutung von ADR den EU-Rat dazu bewogen die Mitgliedsstaaten aufzufordern, einen besseren Zugang zu ADR zu schaffen.

Am 19.04.2002 hat die Kommission der Europäischen Gemeinschaften das Grünbuch über alternative Verfahren zur Streitbeilegung in Zivil- und Handelsrecht einschließlich des Arbeits- und Verbraucherrechts vorgelegt.[46] Die Grünbücher enthalten keine verbindlichen Rechtsnormen wie Richtlinien oder Verordnungen, sondern sind prinzipiell unverbindliche politische Handlungsinstrumente. Im Gegensatz zum Weißbuch unterbreitet das Grünbuch auch keine konkreten Handlungsvorschläge für die Mitgliedstaaten und die Organe der EU. Vielmehr nimmt das Grünbuch den Status quo zu bestimmten politischen Themen auf der Ebene der Mitgliedstaaten und der EU auf

---

[45] Vgl. Henssler, Rechtsdienstleistungsrecht, ZKM 2006, S. 132 (S. 135).
[46] Vgl. Ewig, Grünbuch alternative Verfahren Streitbeilegung, ZKM 2002, S. 149 (S. 149).

und fordert von den Mitgliedstaaten eine Stellungnahme.[47] Dennoch ist die Bedeutung der Grünbücher nicht zu unterschätzen, da erfahrungsgemäß aus ihnen Gesetzesinitiativen erwachsen.

Zur Legitimation, ein Grünbuch zu erlassen, stützt sich die Europäische Kommission auf die Art. 6 und 47 der Europäischen Menschenrechtskonvention, wonach jedermann einen Anspruch auf einen schnelleren und kostengünstigeren Zugang zum Recht hat.[48]

Das Grünbuch gibt einen Überblick über gesetzliche Regelungen und Entwürfe in den Mitgliedstaaten Dänemark, Italien, Österreich und Portugal.

Die Anfang 2003 veröffentlichten Stellungnahmen zum Grünbuch waren die Grundlage für eine öffentliche Anhörung in Brüssel, an der etwa 150 Regierungsvertreter von Mitglieds- und Drittstaaten teilnahmen.

Die Europäische Kommission hat auf der Grundlage der Stellungnahmen und der Anhörung zwei Folgemaßnahmen beschlossen: die Entwicklung eines Code of Conduct sowie die Vorlage eines Richtlinienvorschlages.[49]

Der Erlass des Verhaltenscodexes sowie der Richtlinienvorschlag sind in einem weltweiten Zusammenhang zu

---

[47] Ebenda, S. 149.
[48] Ebenda, S. 149.
[49] Vgl. Mähler/ Kerntke, Initiativen der EU, ZKM 2004, S. 151 (S. 151).

sehen: beispielsweise versuchen die USA mit dem Uniform Mediationsact von 2001 die in den einzelnen Bundesstaaten der erlassenen Mediationsgesetzte (insgesamt ca. 2500 Stück) zu koordinieren.

Der Unterschied zwischen dem Verhaltenscodex und er geplanten Richtlinie ist, dass der Verhaltenscodex keine verbindliche Wirkung hat und sich an Mediationsorganisationen richtet, während die geplante Richtlinie sich direkt an die Mitgliedsstaaten, mit Ausnahme Dänemark, richtet und zudem verbindlich wäre.[50]

Der Verhaltenscodex beinhaltet eine Vielzahl von Anregungen die aus bestehenden Richtlinien von anderen Länder aufgegriffen worden sind, wie z.B. von der Law Society aus England.

Darüber hinaus befasst er sich mit der Rolle des Mediators und den Mediationsprozess. Ein besonderer Augenmerk wird hier auf die Vertraulichkeit und die Beendigung des Prozesses gelegt.

Die Richtlinie beschränkt sich nach Beschreibung des Ziels der Mediation und einigen Begriffsbestimmungen u.a. darauf, die Länder aufzufordern die Qualität von Mediation durch Kontroll- und Fördermaßnahmen sicherzustellen, als auch die Vollstreckung von Mediationsvereinbarungen zu erleichtern.

---

[50] Vgl. Pitkowitz, Mediations-Richtlinienvorschlag, ZKM 2005, S. 68 (S. 68).

Ihre Ermächtigung eine Richtlinie zu erlassen sieht die Kommission darin, dass der Erlass der Richtlinie in den Anwendungsbereich des Art. 65 EGV fällt, da zivilrechtliche Verfahrensvorschriften betroffen sind. Darüber hinaus argumentiert die Kommission, wäre sie für einen reibungslosen Binnenmarkt erforderlich, um die Grundfreiheiten einheitlich in allen Bereichen ausüben zu können. Um dieses sicherzustellen bedarf es einen einheitlichen Mediationsablauf. Diese Aussagen werden mit einem Verweis auf das Subsidiaritätsprinzip untermauert. Hiernach sind aus Gründen der Kohärenz und der Bereitstellung einheitlicher Regeln Gemeinschaftsmaßnahmen sinnvoller als Einzelstaatliche.

Das Europaparlament hat sich am 29.03.2007 in erster Lesung mit dem Vorschlag befasst. Zuvor fand im April 2006 im Rechtsausschuss des Europaparlament ein Anhörung, mit Experten aus Frankreich, England, Belgien, der Niederlande, Österreich sowie Deutschland statt. Der Grund hierfür war eine zuvor gestartete Umfrage, ein sog. Konsulationspapier. Im Ergebnis dieser Befragung stellte sich heraus, dass sich die Mehrheit der befragten Parteien (z.B. BRAK, ZFK) gegen den Richtlinienvorschlag aussprachen. Begründet wurde dieses damit, dass Art. 65 EGV keine ausreichende Ermächtigungsgrundlage zur Einführung eines einheitlichen Mediationsverfahren auf nationaler sowie internationaler Ebene ist.

Das Europäische Parlament billigte den Richtlinienvorschlag der Kommission in geänderter Fassung. Folglich hat sie die Kommission aufgefordert, sich erneut mit den Richtlinienvorschlag zu befassen.

Eine hieraus resultierende Änderung ist die Beschränkung des Anwendungsbereichs auf grenzüberschreitende Fälle, dem Vertrag von Nizza entsprechend.[51]

Die letzte Handlung bezüglich dieser Thematik war die Politische Einigung auf einen gemeinsamen Standpunkt im Rat am 8. November 2007.[52] Nachdem dieser sich einigen konnten, wird der Text im Europäischen Parlament in zweiter Lesung behandelt werden. Das Parlament signalisierte schon, dass sie der Einigung des Rates zustimmen werden. Nach Verabschiedung der Richtlinie über bestimmte Aspekte der Medition in Zivil- und Handelssachen hätten dann die Mitgliedsländer drei Jahre Zeit die Richtlinie in jeweils nationales Recht umzusetzen.

Bleibt abzuwarten wann hier eine Einigung und Verabschiedung einer Mediationsrichtlinie vonstatten geht.

---

[51] Vgl. http://ec.europa.eu/prelex/detail_dossier_real.cfm?CL=de&DosId=191867
[52] http://www.consilium.europa.eu/uedocs/cms_data/docs/pressdata/de/jha/97235.pdf

9. Grenzen der Mediation

Zu beachten ist, dass nicht jeder Konflikt mediierbar ist. Es gibt sowohl objektive als auch subjektive Faktoren die dazu führen können, dass die Möglichkeit einer Konfliktbeilegung im Wege einer Mediation ausgeschlossen werden muss oder zumindest erschwert wird.

In manche Situationen ist an Stelle einer Mediation eher eine psychologische Beratung, eine therapeutische Aufarbeitung durch einen Coach bzw. Berater oder letztendlich ein persönlicher Beistand z.B. in Form eines Scheidungsanwaltes sinnvoller.

Ein Hinderniss für die Anwendung eines Mediationsverfahrens ist in dem Wunsch nach einer Präzedenzentscheidung zu sehen. Dieses kann dann der Fall sein wenn es um eine immer wieder auftauchende Rechtsfrage geht, z.B. bei Eingang mehrerer Schadensersatzanspruchsklagen auf Grund Produkthaftungs-fragen.[53]

Des Weiteren scheint eine Mediation als ungeeignet, wenn eine der Konfliktparteien den Wunsch nach Öffentlichkeit hegt. Dies ist meistens dann der Fall, wenn das öffentliche Bewusstsein berührt werden soll oder aber wenn der Ruf der Gegenpartei geschädigt werden soll.

Auch das Vorhandensein von Machtungleichgewichten erschwert die Durchführung einer Mediation oder macht sie gar unmöglich. So sind beispielsweise Arbeitgeber-

---

[53] Vgl. Gerke, Mediation - Wirtschaft, S. 54.

Arbeitnehmer-Konflikten schwer zu lösen, da immer die Gefahr besteht, dass die stärkere Partei ihre vorhandene Machtposition ausnutzt und Druck auf die Schwächere, in diesem Fall den Arbeitnehmer, ausübt. In diesem Fall muss der Mediator die Verhandlungen sofort beenden.

Eine Mediation ist auch sinnlos, wenn der Konflikt für eine Partei belanglos und unwesentlich scheint und die Motivation zur Klärung fehlt oder aber wenn eine oder beide Parteien nicht bereit sind mitzuarbeiten.

Eine weitere Grenze der Mediation stellt der Faktor Zeit dar. Ist der Zeitraum zur Konfliktbeilegung zu knapp bemessen oder reicht dieser nicht aus, sollte auch von einer Mediation abgesehen werden.

Darüber hinaus ist eine Mediation auch ausgeschlossen, wenn private, vertragliche oder verwandtschaftliche Beziehungen von einer Partei zu dem Mediator bestehen. Auch das fehlende Vertauen zu einem Mediator wirkt sich negativ auf die Erfolgsaussichten einer Mediation aus.[54]

Grenzen sind ferner da gegeben, wo der Gesetzgeber den Konfliktparteien privatautonome Vereinbarungen untersagt. Dieses ist z.B. bei der Ehescheidung der Fall.[55]

Des Weiteren existieren enge Grenzen im Bereich des Wirtschaftsverwaltungsrechts und des öffentlichen Rechts. Dort gilt der Grundsatz der Verfassungsmäßigkeit der

---

[54] Vgl. Kraus, Mediation, S. 33-34.
[55] Vgl. Risse, Wirtschaftsmediation, § 3 Rn. 10.

Verwaltung. Das bedeutet, dass die Verwaltung Konflikte ausschließlich am Maßstab des Rechts entscheiden darf.

10. Fazit und Ausblick

Aus der kurzen historischen Abwicklung der alternativen Streitbeilegungsmöglichkeiten kann man erkennen, dass diese Art von Konfliktlösungsmöglichkeit jahrtausend alte Wurzeln hat. Der Kerngedanke der friedlichen Streitbeilegung existiert noch bis heute. In manchen Regionen, wie z.B. im asiatischen Gebiet, überwiegen sie sogar über gerichtliche Streitentscheidungen.[56] Daraus ergibt sich, dass es sich hierbei nicht um eine kurzlebige Modeerscheinung handelt.

Viele Länder haben schon versucht, Mediation und andere alternative Streitbelegungsmöglichkeiten in ihr Rechtssystem zu intrigieren. Zu nennen wären hier das zuvor kurz dargestellt Mediationsgesetz von Österreich oder auch die einzelnen Mediationgesetze der USA. Auch auf deutscher Ebene kann man z.B. durch das geplante niedersächsische Mediation- und Gütestellengesetz kann man das Bestreben erkennen   Mediation   als Alternative zur staatlichen Gerichtsverfahren zu etablieren.

Als problematisch ist allerdings der geringe Kenntnistand der Bevölkerung bezüglich ADR zu sehen. Dieses jedoch

---

[56] Matsuzuka/Walther, ADR in Japan, ZKM 2006, S. 108 (S.108).

versucht die Bundesregierung durch das Projekt „Schlichten statt richten" zu verbessern. Sie gibt Informationsbroschüren bezüglich Beratung, Vermittlung und Schlichtung heraus und führte an ausgesuchten Gerichten die gerichtsnahe Mediation ein.

Darüber hinaus werden auch auf europäischer Ebene Maßnahmen zur Förderung alternative Streitbeilegungsmöglichkeiten ergriffen. Zur Zeit arbeitet die europäische Kommission an einer Mediationsrichtlinie. Der Richtlinienvorschlag wurde bis weilen noch nicht verabschiedet, aber dieses scheint nur eine Frage der Zeit zu sein.

Um Mediation als ein festes und gut funktionierendes Streitentscheidungsinstrument einzuführen, bedarf es klarer und einheitlicher Regelungen auf deutscher und europäischer Ebene. Diese sollte jedoch nicht so engmaschig wie die gesetzliche Reglementierung in den USA sein, da dort für die Mediation unterschiedliche Regelungen von Bundesstaat zu Bundesstaat bestehen. Durch gesetzliche Regelungen bezüglich den Ausbildungsstandards und ggf. den Zulassungsverfahren kann ein gewisser Mindeststandard gesichert und Mindestanforderungen an die Qualifikation der Mediatoren erreicht werden.

In einer modernen Gesellschaft sollte die Mediation auch neben anderen alternativen sowie gerichtlichen Streitbelegungsmöglichkeiten einen fest etablierten Platz haben. Die Lösung eines Konfliktes sollte nicht mehr nur allein auf eine rechtliche Entscheidung eines Dritten beruhen. Vielmehr sollten die Konfliktparteien wieder mehr Verantwortung übernehmen und so manchen Rechtsstreit gütlich beilegen.

11. Anhang

VOTUM

Eine Frage der Streitkultur

Ach, die Mediation – ich kann es schon nicht mehr hören!" So oder ähnlich hört man Skeptiker unter den Richtern und Rechtsanwälten auf den Gerichtsfluren klagen. Für die alten Haudegen unter ihnen ist es unbegreiflich, wie man nur die gute alte Zivilprozessordnung zu Gunsten des „Mediations-Krimskrams" aus den

Angeln heben kann. Schlichten statt richten – das hört sich für viele Juristen noch immer nach Beziehungscouch an, und dafür sind Psychotherapeuten zuständig.

Doch ist die Mediation wirklich nur eine Modeerscheinung für abgedrehte Rechtsesoteriker? Diese Frage beschäftigt derzeit die Justizminister landauf landab. Angesichts von jährlich 3,9 Millionen Gerichtsverfahren werden sie von monetären Albträumen, aber auch von der Einsicht angetrieben, dass das sture Pochen auf Rechtspositionen und die ebenso stereotype rechtsstaatliche Antwort „Im Namen des Volkes" die Deutschen mehr entzweit, statt sie zu befrieden. Überall sprießen daher Modellprojekte zur so genannten gerichtsnahen

Mediation aus dem Boden. Richter, die sonst im Gerichtssaal mit fliegendem Talar den Hammer kreisen lassen, verwandeln sich einmal die Woche vom Hardliner zum sanften Streitschlichter. Kritiker wittern dahinter allerdings den Wolf im Schafspelz – einmal Richter, immer Richter.

Dass dieses Vorurteil nicht trägt, zeigen seit Anfang 2005 die Güterichter an acht bayerischen Landgerichten. Denn zur Halbzeit der dort laufenden zweijährigen Modellphase zur gerichtsinternen Mediation, die von der Uni Erlangen-Nürnberg wissenschaftlich begleitet wird, hat Jura-Professor Reinhard Greger jetzt einen viel versprechenden Zwischenbericht vorgelegt. Wichtigstes Ergebnis: Haben sich die Streithähne erst einmal dazu durchgerungen, an einer Mediation teilzunehmen, enden 70 Prozent der Verfahren mit einer gütlichen Einigung – und das im Schnitt nach nur drei Stunden Verhandlung.

Besonders erfreulich ist auch, dass in fast einem Drittel der erfolgreich abgeschlossenen Mediationen über den aktuellen Streit hinausgehender Konfliktstoff miterledigt werden konnte. Und rechtliche Aspekte spielten zwischen den Mediationsteilnehmern insgesamt nur eine untergeordnete Rolle, während rein wirtschaftliche Gesichtspunkte und emotionale Momente dominierten. Das alles zeigt: Die Mediation ist auf dem besten Weg, hier zu Lande eine neue Streitkultur zu etablieren. Ihr Nutzen ist besser als ihr

Ruf, sie verdient mehr Unterstützung. Der alte deutsche Streithansel könnte bald ausgedient haben.

creutz@handelsblatt.com

12. Literaturverzeichnis

Ade, Juliane Mediation, Schlichtung, Alexander, Nadja; Verhandlungsmanagement Olbrisch, Constantin 1. Aufl., Münster 2005. [Verhandlungsmanagement}

Ewig, Eugen; Das Grünbuch der EU über alternative Verfahren zur Streitbeilegung, in: Zeitschrift für Konfliktmanagement 4-2002, S. 149-151. [Grünbuch alternative Verfahren Streitung]

Gerke, Frank; Mediation in der Wirtschaft Grundlagen und betriebliche Praxis Aufl., Düsseldorf 2003.[Mediation – Wirtschaft]

Haft, Fritjof; Handbuch der Mediation von Schlieffen, Katharina 1. Aufl., München 2002. [Handbuch Mediation]

Henssler, Martin Mediation und Rechtsdienstleistungrecht, in: Zeitschrift für Konfliktsmanagement 5-2006, S.132-135. [Rechtsdienstleistungsrecht]

Kirchhoff, Susanne Ein kleiner Schritt für den Gesetzgeber, aber ein großer für die Mediation? In: Zeitschrift für Konfliktmanagement 5-2007, S. 138-141. [Hintergründe Nds. Mediationsgesetz]

Köper, Roman; Eine Qualitätsstudie des Österreichischen Zivilrechts-Mediations-Gesetzes, in: Zeitschrift für Konfliktmanagement 4-2004, S. 161-164. [Österreichisches Zivilrechts-MediationsGesetzt]

Klose, Alexander; Rechtliche Hürden auf dem Weg zur gerichtsinternen Mediation, in: Zeitschrift für Konfliktmnagement 5-2005, S. 146-150. [Hürden gerichtsinterner Mediation]

Koch, Harald; Gerichtliche Mediation – gerichtsverfassungs- und verfahrensrechtliche Rahmenbedingungen, in: Neue Justiz 3-2005, S. 97-103. [Mediation Rahmenbedingungen]

Kraus, Mario H.; Mediation – wie geht das? Aufl., Paderborn 2005. [Mediation]

Löer, Lambert; Einbindung von Mediation in den Zivilprozess – Teil 1, in: Zeitschrift für Konfliktmanagement 6-2005, S. 182-186. [Einbindung Mediation Zivilprozess]

Mähler, Hans-Georg Initiative der EU, in: Kerntke, 4-2004, S. 151-154. [Initiative der EU]

Matsuka, Shinsuke; Mediation zwischen Bürger und Staat

Walther, Harald in Japan, in: Zeitschrift für Konfliktmanagement 4-2006, S. 108-111. [ADR in Japan]

Monßen, Hans-Georg Anwaltmediation und Richermediation - ein ungleicher Wettbewerb, in: Zeitschrift für Konfliktmanagement 3-2006, S. 83-86. [Anwaltmediation und Richtermediation]

Oberhammer, Paul; Ein rechtlicher Rahmen für Mediaton Domej, Tanja in Österreich, in: Zeitschrift für Konfliktmanagement 4-2003, S.144-149. [Mediation in Österreich] von

Olenhusen, Peter G. Gerichtsmediation – Richterliche Konfliktvermittlung im Wandel -, in: Zeitschrift für Konfliktmanagement 3-2004, S.104-107. [Gerichtsmediation]

Pitkowitz, Nikolaus; Der Mediations-Richtlinienvorschlag

der EU: Gleichstellung der Mediation mit Gerichtsverfahren, in: Zeitschrift für Konfliktmanagement 2-2005, S. 68-71. [Mediations-Richtlinienvorschlag]

Risse, Jörg; Wirtschaftsmediation Aufl., München 2003. [Wirtschaftsmediation]

Spindler, Gerald; Gerichtsnahe Mediation in Niedersachsen- Bilanz eines Forschungsprojekts, in: Zeitschrift für Konfliktmanagement 3-2007, S. 79-83. [Gerichtsnahe Mediation in Niederachsen]

Tochtermann, Peter; Zur Zulässigkeit der nicht-anwaltlichen Mediation nach dem Rechtsdienstleistungsgesetz, in: Zeitschrift für Konfliktmanagement 1-2007, S. 4-7. [nicht-anwaltliche Mediation]

13. Internetquellenverzeichnis

www.bmwa.de/downloads/0mediations-
krimskram_hb120406.pdf
(Stand 15.12.2007)

http://cdl.niedersachsen.de/blob/images/C34883173_L20.p
df
(Stand 20.01.2008)

http://www.mediation-in-
niedersachsen.de/Abschlussbericht.pdf
(Stand 20.01.2008)

http://www.justiz.nrw.de/JM/justizpolitik/jumiko/beschlue
sse/2005/fruehjahrskonferenz05/index.php
(Stand 20.01.2008)

http://www.mediation-in-niedersachsen.de/Entwurf-
NdsMediationsgesetz_LT-Drs_15-3708_07-04-17.pdf
(Stand 20.01.2008)

http://www.bmj.bund.de/enid/24cd03cda0e552e933fa9bde
04f4e126,8a995c706d635f6964092d0934373539093a095f7472
636964092d0933303334/Pressestelle/Pressemitteilungen_58.
html
(Stand 20.01.2008)

http://ec.europa.eu/prelex/detail_dossier_real.cmf?CL=de&
DosId=191867
(Stand 21.02.2008)